ACTE PUBLIC

POUR

LA LICENCE.

A LA MÉMOIRE DE MON PÈRE.

ACTE PUBLIC

POUR

LA LICENCE,

SOUTENU EN EXÉCUTION DE L'ARTICLE 4, TITRE 2, DE LA LOI DU 22 VENTÔSE AN XI,

Par M. CELLES (Hippolyte),

Né a MARSAL (Meurthe).

JUS ROMANUM.

De inutilibus stipulationes.

TITRE XIX.

(Les seize premiers paragraphes seulement.)

Obligatio est vinculum juris quo adstingimur ad rem faciendam, vel daudam vel præstandam. Vinculum ex variis modis jure oritur : scilicet rei datione, verbis, litteris, consensu. Stipulatio est obligatio verbis perfecta. De inutilibus stipulationibus loquitur Titulus XIX. In stipulatione inutilitatis præcipuæ sunt occasiones quarum origo tunc in personâ, tunc in re est.

In re.

1° Si non extet in naturâ res de obligatione velut hippocentaurus, vel servus jam defunctus. Aliter verò, fieret si rei creatio possibilis in futurum esset, veluti fructus qui nundùm sunt.

2° Si extans in naturâ non in dominio promittentis extet. Pœna verò adjungi potest quæ valebit, etiam irritâ dationis obligatione. Ex his, stipulatio de re publicâ, communi, religiosâ, sacrâ inutilis erit. Idem a fortiori fiet in stipulatione de homine libero. Imò si res sit in dominio stipulantis idem erit, et nil refert quin posteà ex dominis possessoris egrediatur, ab origine enim nulla est conventio, et quod nullum est confirmare nequit. Fieri potest contrà ut utilis obligatio inutilis fiat posteà, velut si factâ sub conditione, nundùm interitâ conditione, ex dominio alieno ad stipulantis dominium venerit, aut si perierit; quod tamen non eveniret si dolo malo culpâve debitoris, sed etiam facto ejus talia accidissent. Tunc etenim deberetur rei prætium.

In personâ.

1° Si reus obligandi semetipsum nunquàm obligare nequit, quòd lex inhibet, tunc propter animi infirmitatem, velut stultus, furiosus, imbecillus; tunc propter ætatis imbecillitatem quales sunt impuberes qui animi judicio carent. Stipulationis ideò incapaces sunt muti, surdi qui fari responsa aut interrogationes sive audire nequeunt; item duæ personæ distantes qui nec responsum nec interrogationem audire possunt. Certum est si interroganti aliud responderit promittens, conditionem stipulationi addicens, irritam esse obligationem. Si vero respondens quis, pluribus in interrogatione rebus stipulatis, respondisset tantùm : dabo, faciam, spondeo, promitto, valida extaret obligatio.

Si quis respondens Caïo Titii factum promississet inutilis esset stipulatio, nisi a promittente ipso stipulata fosset accessoria pœna aut datio tanti prætii quanti res promissa sit. Nec magis Caïus potest alium obligare Titio, nisi Caii pater magisterne sit Titiius, aut ipse Caïus in obligatione jus directum habeat. Sed valida fosset stipulatio si tantùm solutionis gratiâ extronea persona in interrogatione fuisset, et liberaretur debitor solutione apud extraneum, etsi solvisset invito stipulante cui tamen mandatoris actionem dat prætor adversus solutionem accipientem.

Inutilis erat stipulatio cum esset appositus terminus qui tantùm eveniret post mortem promittentis aut stipulantis. Hoc est enim stipulare aut promittere non sibi sed hæredibus suis. Lex tamen prohibens facilè eludebatur immixtione adjecti solutionis gratiâ qui adstipulator dicebatur : utilis erat talis stipulatio. Stipulationes præpostære anteà inutiles sub Justiniano validæ fuerunt. Ubi valet stipulatio secundùm eas omnes regulas facta, non tamen semper in obligatione solutionis reos tenebit si probare illius valetudinem nequeuunt. Probatio inest in testium consensu, sed multò magis in scriptis instrumentis.

CODE NAPOLÉON.

Principes généraux sur la transmission de la propriété par l'effet des conventions.

(711-1138 à 1141-938 à 942-1069 à 1074-1583-1689 à 1691 —
2279 et 2280)

Le Code Napoléon définit la propriété « le droit de jouir et disposer des « choses de la manière la plus absolue, pourvu qu'on n'en fasse pas un usage « prohibé par les lois ou les réglements. » — art. 544. — La loi romaine disait « *Jus utendi et abutendi.* » Le propriétaire peut donc non–seulement jouir exclusivement de sa chose, en retirer tout le profit ou l'agrément possible, en interdire aux autres l'usage, la revendiquer entre les mains de tout tiers–détenteur, en disposer selon ses désirs, mais encore il peut dénaturer sa propriété, en changer la forme, la substance, en tant que c'est possible ; nous dirons qu'il peut même la consumer. N'a-t-il chez nous comme à Rome le *« jus utendi* et *abutendi ?* »* le droit de propriétaire est donc le droit le plus étendu qui existe. Toute détérioration, tout amoindrissement de ce droit absolu, toute prohibition d'user, de jouir, tout dommage perpétuel ou temporaire, accidentel ou volontaire, grave ou léger, doivent être considérés comme une atteinte à ce droit.

Le droit de disposer renferme implicitement celui d'aliéner, en tout ou en partie, pour toujours ou pour un temps limité, purement ou sous condition , en faveur d'une personne certaine ou incertaine , gratuitement ou à titre onéreux. Aliéner, c'est transférer à un autre son droit de propriété. Sur quels principes repose la transmission de la propriété par l'effet des conventions ? c'est la question que nous allons essayer de résoudre.

La propriété se transmet par l'effet des obligations ; c'est l'art. 711 du Code Napoléon qui nous le dit expressément. Quand l'obligation de transférer la propriété d'une chose résulte d'une convention, elle peut avoir pour objet ou une chose précise et déterminée , un corps certain , comme telle maison, tel cheval, ou bien une chose indéterminée, comme une somme d'argent, un cheval *in genere*.

S'il s'agit d'un corps certain , c'est immédiatement et par l'effet direct de la convention elle-même que la propriété est transférée. Ce principe inscrit dans notre droit résulte de l'art. 1138, Code Napoléon, qui déclare que « l'obligation de donner une chose déterminée rend le créancier *propriétaire* de la chose, dès l'instant où elle a dû être livrée, encore que la *tradition* n'en ait point été faite. » De l'art. 1583, qui, n'étant qu'une application de cette règle générale, déclare que dans la vente, « la propriété est acquise à l'acquéreur dès qu'on est convenu de la chose et du prix, quoique la chose n'ait pas encore été livrée. » Enfin, de l'art. 983, qui nous dit que « la propriété des objets donnés est transférée au donataire par le seul consentement des parties, et sans qu'il soit besoin d'aucune tradition. A Rome, la transmission de la propriété ne s'opérait pas ainsi, par le seul effet de la volonté des parties, il fallait encore qu'il y eût exécution matérielle de la promesse, tradition de la chose. Le contrat par lequel je m'obligeais à vous conférer la propriété, *dare,* vous rendait créancier, me liait et vous permettait de me contraindre *ad dandum ;* mais c'était tout, et vous n'obteniez le *domininm* ou son démembrement, que quand j'exécutais mon obligation. Le contrat était une cause d'obligation , mais jamais un mode d'acquérir. Notre ancien Droit avait adopté la même théorie; mais le Code Napoléon, parlant d'un principe diamétralement opposé, a déclaré que la propriété, étant une chose purement intellectuelle, pouvait se transmettre par le seul consentement des parties et indépendamment de tout acte extérieur.

Cependant, si l'objet de la vente ou de l'obligation de donner est une chose indéterminée, le seul consentement des parties ne suffira pas pour transférer la propriété. Ainsi, si je m'engage à vous donner un de mes domaines, dans ce cas vous n'aurez droit qu'à une créance représentant la valeur de la chose donnée, mais vous n'aurez pas un *jus in re* sur la chose promise : vous n'en deviendrez propriétaire que par la tradition.

Ainsi, s'agit-il d'un corps certain, la tradition n'est pas nécessaire pour transférer la propriété; le seul consentement des parties suffit. S'agit-il, au contraire, d'une chose indéterminée, la tradition sera nécessaire pour opérer la transmission.

L'art. 1138, Code Napoléon, règle les effets de la convention de donner, mais *inter partes* seulement; quant à la question de savoir si la propriété des immeubles est transférée, même à l'égard des tiers, par la seule force de la convention, il ne la résout pas. Cette question devait faire l'objet de l'article 1140.

Avant de parler de cet article, nous devons faire observer que sous l'empire de la loi du 11 brumaire an VII la propriété n'était acquise, à l'égard des tiers, que par la transcription du titre d'acquisition sur un registre existant, à cet effet, aux bureaux de conservation des hypothèques. Cette théorie a été maintenue quant aux aliénations à titre gratuit. L'art 939 du Code Napoléon nous dit, en effet, que « lorsqu'il y aura donation de biens susceptibles d'hypothèques la transcription des actes contenant la donation et l'acceptation, ainsi que la notification de l'acceptation qui aurait eu lieu par acte séparé, devra être faite aux bureaux des hypothèques dans l'arrondissement desquels les biens sont situés, et l'art. 941 du même code ajoute que « le défaut de transcription pourra être opposé par toutes personnes ayant intérêt. » La controverse fut très vive lorsqu'on souleva la question de savoir si on maintiendrait la loi de brumaire an VII pour les aliénations à *titre onéreux*, comme on l'avait déjà maintenue pour les aliénations à titre gratuit. La transcription eut ses partisans et ses détracteurs, et on convint de renvoyer la solution de la question au titre de la vente et des hypothèques; delà l'article 1140. Cependant la question n'a été résolue ni au titre de la vente ni au titre des hypothèques. Ce silence de la loi ayant donné lieu à de nombreux procès, les tribunaux décidèrent que la transcription n'était pas nécessaire pour transférer la propriété à l'égard des tiers. Deux arguments principaux furent donnés à l'appui de ce système :

1° Le Code n'a expressément maintenu la loi du 11 brumaire an VII qu'en ce qui regarde les aliénations à titre gratuit (art. 939). Donc, cette loi est abrogée quant aux aliénations à titre onéreux : *Qui dicit de uno negat de altero;*

2° Le projet du Code, sur les hypothèques, contenait un article qui soumettait expressément la vente à la nécessité de la transcription; cet article n'a pas été reproduit dans la rédaction définitive du Code; donc on a rejeté, quant aux aliénations à titre onéreux, la théorie de la transcription.

La loi de brumaire an VII a été maintenue, non seulement quant aux immeubles, lorsque l'aliénation est à titre gratuit, mais encore quant aux aliénations de meubles incorporels, je veux dire des créances. Ainsi l'article 1690 du Code Napoléon, nous dit que « le cessionnaire n'est saisi, à l'égard des tiers, que par la signification du transport faite au débiteur, ou par l'acceptation du transport, faite par ce dernier, dans un acte authentique.

Quid, quand aux meubles corporels? la convention de donner un meuble, donation, vente ou échange transfère-t-elle la propriété, *erga omnes,* ou seulement *inter partes?* (l'art. 1141 du Code Napoléon, le seul qui traite spécialement des aliénations des meubles corporels, est ainsi conçu : « Si la chose qu'on s'est obligé de donner ou de livrer à deux personnes successivement, est purement mobilière; celle des deux qui en a été mise en possession réelle est préférée et en demeure propriétaire, encore que son titre soit postérieur en date, pourvu, toutefois, que sa possession soit de bonne foi). » On a conclu de cette disposition, que la propriété des meubles corporels qui se transfère *inter partes,* par la seule force de la convention, n'est acquise, à l'égard des tiers, que par la tradition. En effet, dit-on, si la convention suffisait pour transférer la propriété, même à l'égard des tiers, l'acheteur, seul maître de la chose, aurait le droit de la revendiquer entre les mains de tout tiers-détenteur. Or, l'art. 1141 ne lui accorde pas ce droit de revendication; donc la tradition est nécessaire. Toullier, notamment, soutient cette question. Nous ne saurions la partager, car, selon nous, la convention de donner, alors même qu'elle a pour objet un meuble corporel, opère immédiatement la transcription de la propriété, même à l'égard des tiers; et si, dans l'espèce prévue part l'art. 1141, le second acheteur devient proprié- taire, ce n'est pas en vertu d'un acte de vente qui est radicalement nul, puisque le vendeur n'avait pas capacité pour aliéner, mais bien par l'effet d'une *prescription,* qui s'est accomplie instantanément en sa faveur, c'est à dire dès l'instant qu'il a été mis en possession. Nous savons, en effet, que la prescription des meubles, basée sur une possession de bonne foi, n'exige aucun laps de temps, et qu'en *fait de meubles possession vaut titre* (art. 2279, Code Nap). Et ce qui prouve que la prescription *seule* a rendu le second acheteur propriétaire, c'est qu'on exige qu'il soit de bonne foi..... si l'acte de vente, suivi de la tradition de l'objet aliéné, l'avait réellement rendu propriétaire, la loi aurait-elle exigé qu'il fût de bonne foi? nullement. — Le vendeur, dans ce cas, propriétaire de l'objet mobilier jusqu'à la tradition, aurait eu capacité pour aliéner, et la vente eût été valable nonobstant la mauvaise foi du second acheteur.

Tenons donc pour constant que la vente d'un meuble, ou tout autre con- vention de donner, la donation par exemple, transfère par elle-même la pro- priété, même à l'égard des tiers, mais qu'elle est prescriptible par le fait seul de la possession de la chose (art. 2279). De ce principe nous tirons les conséquences suivantes : L'acheteur, bien qu'il n'ait pas été mis en posses- sion de la chose vendue, peut la revendiquer contre toute personne qui ne peut pas invoquer la maxime, en fait de meubles possession vaut titre, c'est à dire : 1° contre son vendeur ; 2° contre ceux auxquels il l'a vendue, donnée ou engagée s'ils l'ont reçue de *mauvaise foi ;* 3° si le vendeur l'a perdue, contre ceux qui l'ont trouvée (art. 2279, Code Napoléon) ; 4° et, enfin, en cas de vol, contre ceux qui l'ont volée (2229 et 2280, Code Napoléon).

Ainsi, dans les aliénations à *titre gratuit,* le donataire ne devient proprié- taire, à l'égard des tiers, qu'à compter de la transcription (art. 939) ; tandis que dans les aliénations à *titre onéreux* la convention transfère par elle-même, sans qu'il soit besoin ni de transcription, ni de tradition , une propriété non seulement relative, mais absolue, opposable à tous (art. 1138-1583).

S'il s'agit d'une vente de droits incorporels, ou d'une cession de créances, la convention ne transférera au cessionnaire, qu'une propriété relative ; il ne deviendra propriétaire à l'égard des tiers qu'à compter du moment où il aura rendu la cession publique, soit en la faisant signifier au débiteur , soit en la lui faisant accepter dans un acte authentique (art. 1690).

Enfin, dans la convention de donner un meuble corporel, vente ou donation, la convention transférera, par elle-même, une propriété absolue, opposable à tous ceux qui ne pourront pas invoquer la maxime : en fait de meubles possession vaut titre (art. 1141 combiné avec l'art. 2279).

QUESTION DES RISQUES.

Lorsque le corps certain et déterminé, qui était l'objet de l'obligation, vient à périr, est mis hors du commerce, ou se perd, de manière qu'on en ignore absolument l'existence, l'obligation est éteinte si la chose a péri ou a été perdue sans la faute du débiteur et avant qu'il fût en demeure (article 1302, Code Napoléon. Ainsi, si la chose donnée périt entre les mains du donateur, il est évident qu'il est libéré de son obligation de la livrer ; 1° que le donataire a cessé d'en être propriétaire ; 2° que le donateur doit ou ne doit pas des dommages-intérêts, suivant que la chose a péri par sa faute ou par cas fortuit. Mais si nous supposons une convention synallagmatique, une obligation corrélative à l'obligation de livrer, c'est alors que se présente la question des risques, c'est à dire celle de savoir si quand l'obligation de livrer la chose est éteinte par la perte de la chose, l'obligation corrélative est également éteinte, ou si, au contraire, elle continue d'exister : ainsi, par exemple, je vous vends telle maison pour la somme de vingt mille francs ; le lendemain de la vente, et avant la mise en possession, elle vient à périr par cas fortuit ; dans ce cas serez-vous dispensé de m'en payer le prix ?

Non, assurément, car l'art. 1138, Code Napoléon, nous dit d'une manière formelle : « que l'obligation de livrer la chose rend le créancier propriétaire et met la chose *à ses risques* dès l'instant où elle a dû être livrée, encore que la tradition n'en ait point été faite» ; la chose est aux risques de l'acheteur, devenu propriétaire, c'est à dire qu'il doit, seul, en supporter la perte, *res perit domino,* et que néanmoins il sera tenu de payer au vendeur le prix stipulé dans le contrat. La perte de la chose par cas fortuit, et avant la délivrance, éteindra donc l'obligation du vendeur, mais ne dispensera jamais l'acheteur d'exécuter celle qui lui est personnelle. Et il en sera ainsi, non seulement lorsque le contrat sera pur et simple, mais encore lorsqu'il sera à terme, car le terme n'empêche pas que la propriété soit transférée dès le jour même du contrat.

Par exception, les risques sont à la charge du débiteur de la chose, bien qu'il ait cessé d'en être propriétaire :

1° Lorsqu'il s'en est chargé par une clause expresse ;

2° Lorsque la perte de la chose est le résultat de sa négligence ou provient d'un fait qui lui est personnel ;

3° Lorsqu'au moment de la perte il était *en demeure* de livrer la chose. Toutefois, dans ce dernier cas, le débiteur ne serait pas responsable s'il parvenait à prouver que la chose eût également péri entre les mains du débiteur.

De quelle manière le débiteur pourra-t-il être constitué en demeure ? Par une sommation ou par un autre acte équivalent.

La sommation est l'acte par lequel un créancier fait dire, par un huissier, à son débiteur, qu'il entend être payé, le menaçant de le poursuivre en justice s'il ne s'empresse point d'exécuter son obligation.

Par ces mots *acte équivalent* la loi désigne une demande en justice, c'est à dire une assignation ou une citation en conciliation.

L'ancienne règle *dies interpellat pro homine* a été rejetée par notre Code. L'échéance du terme ne suffit donc point pour constituer le débiteur en demeure. Toutefois, par exception, le débiteur est en demeure *par la seule échéance du terme.*

1° Lorsque cela a été expressément stipulé entre les parties.

2° Lorsque l'obligation est de telle nature qu'elle ne peut être utilement exécutée pour le créancier, que dans un certain temps que le débiteur a laissé passer.

3° Lorsqu'il existe dans la loi une disposition formelle à cet égard.

« Si l'obligation est de ne pas faire; celui qui y contrevient doit les dommages et intérêts, par le seul fait de la contravention, nous dit l'art. 1145 du Code Napoléon. »

Si la convention de livrer est pure et simple, et s'il s'agit d'un corps certain, la transmission de la propriété s'opère, avons-nous dit, par le seul consentement des parties, et le créancier devenu immédiatement propriétaire supportera seul la perte de la chose arrivée par cas fortuit; mais qu'arrivera-t-il si, par une clause expresse, on a renvoyé à une époque ultérieure la mutation de la propriété..... Dans ce cas, qui supportera la perte de la chose arrivée dans l'intervalle du contrat à l'échéance du terme ?... Prenons un exemple.

Je vous vends aujourd'hui ma maison, seulement je stipule que j'en resterai encore *propriétaire* pendant une année...... Quelque temps avant l'échéance du terme, la maison vient à périr par cas fortuit. La question est de savoir qui supportera la perte.

En partant de ce principe « *res perit domino* », nous déciderons que ce sera le vendeur. Que nous dit, en effet, l'art. 1138, Code Napoléon : « *Le créancier propriétaire* supportera les risques de la chose dès l'instant où elle a dû être livrée » ; mais dans le cas prévu l'acheteur ne devient *propriétaire* qu'à l'échéance du terme ; si la chose périt avant cette époque, elle périra donc pour le vendeur « *res perit domino.* »

Quid si la vente est sous condition suspensive ?

L'acheteur, dans ce cas, ne devient propriétaire de la chose qu'à dater de l'avénement de la condition ; aussi, si elle périt avant cette époque, elle périra pour le vendeur.

Quid si la vente est sous condition résolutoire ?

La condition résolutoire ne s'opposant nullement à la transmission immédiate de la propriété, l'acheteur, propriétaire de la chose à dater du contrat, en supportera seul la perte, si avant la délivrance, elle vient à périr par cas fortuit.

CODE DE COMMERCE.

DE LA LETTRE DE CHANGE.

**Des voies de recours ouvertes au porteur non payé — du re-
change excepté.**

La lettre de change est l'invention la plus utile du commerce : il importe
de se bien fixer sur son origine, ses principes et sur les conséquences qu'elle
entraîne.

Toutes les nations se sont disputées l'honneur de cette invention. L'Italie
la revendique en première ligne — les Guelphes auraient inventé la lettre
de change pour emporter leurs capitaux lorsqu'ils furent chassés par les Gi-
belins — la France elle-même a prétendu que la lettre de change avait été
découverte par les Juifs expulsés à diverses époques de son territoire. Quoi-
qu'il en soit nous pouvons dire qu'elle est née des besoins mêmes du commerce, de son développement et de ses progrès.

Le moyen-âge nous a donné cette institution. Il fallait alors , comme aujourd'hui, pour faire le commerce, la sécurité des routes ; le *crédit;* le *capital.* Ces trois éléments manquaient tous au xii\u1d49 siècle. L'Europe, à cette époque, était divisée en une foule de principautés dont les chefs étaient très
exigeants pour laisser circuler les marchandises. Ils ne les protégeaient nullement contre les brigandages dont elles étaient l'objet. Pour obvier à ces in-

convénients les marchands voyagèrent par caravanes et traitèrent avec les seigneurs.

Pour acquérir le second élément, les commerçants du moyen-âge créèrent des établissements de crédit. Le crédit n'existait nullement à cette époque. La société d'alors était composée de grands seigneurs et de vassaux. Les seigneurs possédaient quelque chose, mais l'honneur de la plupart d'entre eux était fortement compromis par la folle dissipation de leur fortune. Les commerçants, seuls, faisaient honneur à leurs affaires, et ils eurent bientôt pour eux le crédit.

Le capital, c'est à dire l'argent, n'existait presque pas dans le moyen âge. Les princes de cette époque confondirent le signe représentatif de la richesse avec la richesse, et chacun d'eux interdit l'exportation du numéraire en dehors de son territoire. Cet état de chose était très critique pour le commerce. Les négociants ne pouvaient pas emporter de l'argent pour faire leurs achats à l'étranger : dans cette situation ils inventèrent la lettre de change.

Les auteurs ont voulu, tous, définir la lettre de change. POTHIER, ayant en vue le droit Romain, déclare que c'est un mandat : un autre auteur a dit que la lettre de change était une cession de créance : d'autres ont prétendu qu'elle réunissait les caractères du mandat et de la cession. D'après HEINNECCIUS, c'est un *negotium ex variis negotiis conflatum*. Toutes ces définitions sont ou fausses ou incomplètes. D'après nous la lettre de change est, tout simplement, une valeur garantie par l'honneur commercial, et résultant d'un acte régulier quant à la forme.

L'art. 110 du Code de Commerce énumère les conditions requises pour la validité de la lettre de change. Nous devons en examiner les différentes parties.

1° La lettre de change, nous dit cet article, doit être tirée d'un lieu sur un autre. Mais il était inutile de venir nous dire que la lettre de change avait pour objet le transport d'un capital d'une place sur une autre, puisque c'est là son unique but. Cette disposition dérive des anciens usages du moyen-âge. La lettre de change servait alors à déguiser les prêts à intérêt, en ce sens que l'intérêt était censé exigé *propter periculi pretium :* or, pour simuler un péril, il fallait dire que le transport de l'argent d'une place sur une autre offrait de grands dangers ; mais , on en conviendra , ce motif n'existe plus de nos jours. Les auteurs modernes ont vu à propos de cette première forme extrinsèque de la lettre de change des difficultés partout et en grand nombre. Ils ont beaucoup discuté sur le point de savoir quelle serait la distance nécessaire pour que la lettre de change pût être tirée d'un lieu sur un autre ; mais cette question là ne s'élève pas dans la pratique. Les commerçants ont suppléé à la remise de place en place en tirant la lettre de change d'un lieu autre que celui où est le tireur. Et les tribunaux de commerce n'admettent pas, entre commerçants, la preuve qu'il y a eu supposition de lieu — *contrà* entre simples particuliers.

2° La lettre de change doit être datée.

La date, selon Savary, sert à constater la capacité des parties qui ont tiré ou endossé la lettre de change. Elle sert aussi à éviter la fraude. Quelles seront les conséquences du défaut de date ?... il faut distinguer : vis à vis des tiers la lettre de change est un acte formel, et, dès-lors , si elle n'est pas datée, ils peuvent la refuser; aucune preuve n'est admissible : vis à vis des parties contractantes elle vaudra, au contraire , et toute preuve est admissible pour établir qu'à telle époque la lettre de change a été faite. La lettre de change non datée serait d'après nous valable lorsque l'échéance serait certaine, *ex*, il vous sera payé le 31 janvier. etc. Mais si l'on dit : il sera payé dans trois mois à partir de ce jour, la lettre de change n'aura toute son efficacité qu'autant que ce jour sera spécifié d'une manière expresse. La lettre de change fait-elle foi de sa date ? non.... On peut prouver par toute espèce de moyens que la date est fausse, et il n'est pas nécessaire de s'inscrire en faux.

3° La lettre de change doit énoncer la somme à payer : on met la somme en chiffres au haut de la lettre de change, et en toutes lettres dans le corps. A quelle somme faut-il s'attacher en cas de doute ? ..... distinguons..... Si la lettre de change a été écrite en entier par le tireur, il faudra prendre la somme écrite en toutes lettres; dans le cas contraire, la somme désignée par des chiffres. Une loi au Digeste déclarait qu'il fallait s'attacher, en cas de doute, à la somme la plus faible. Cette décision n'est guère applicable. Pourrait-on joindre à la lettre de change les intérêts légaux ? M. Heimer soutient que non parce que, dit-il, la lettre de change étant un écu, doit être inaltérable comme lui. Cette opinion s'attache trop à la rigueur du droit. D'après nous, on pourrait les ajouter, mais à la condition que les parties sauraient, d'une manière certaine, ce qui est ajouté.

4° La lettre de change doit désigner le nom de celui qui sera obligé de la payer. Cette personne porte dans la pratique le nom de *tiré*. Le signataire s'appelle tireur. La même personne pourrait-elle jouer les deux rôles ? Les auteurs disent que non parce que, selon eux, la lettre de change étant un mandat ou une cession de créance, une personne ne peut pas être son mandataire ou bien ne peut pas se céder une créance contre elle-même. Cette doctrine est erronée : elle repose sur une fausse base, car la lettre de change n'est ni un mandat ni une cession de créance. Nous croyons, dès-lors, que l'affirmative est incontestable. Cela a lieu chaque jour dans la pratique. Ainsi souvent, à Toulouse notamment, on dit *je paierai à tel* au lieu de *il vous plaira payer*. Il est évident que cette lettre de change adressée à un tiers est valable quoique rédigée incorrectement.

Quid si une personne donne en paiement à son co-traitant des lettres de change tirées sur son représentant, domicilié à Paris ; cette opération sera-t-elle bonne ? Nous le croyons.

5° La lettre de change doit, en outre, indiquer si la valeur a été fournie en espèces, en marchandises ou de toute autre manière (110, C. C).— Cette formalité fut prescrite par l'ordonnance de 1673, sur les instances de Savary, et le Code de Comm. l'a consacrée dans l'art. 110.

6° Elle est à l'ordre d'un tiers ou à l'ordre du tireur lui-même (110, Code de comm.) La clause à ordre est-elle indispensable ? M. Bravard-Veyrières soutient l'affirmative. M. Pardessus, se plaçant au point de vue pratique le seul vrai, décide avec raison que la clause à ordre n'est pas de l'essence de la lettre de change ; la pratique a sanctionné son opinion. Il est loisible aux parties de faire plusieurs exemplaires de la lettre de change pour obvier, par exemple, à la perte d'un de ces exemplaires; dans ce cas, on indiquera sur chacun s'il est le premier, le second, le troisième, etc. (110, C. C.)

Nous croyons que l'écriture est une condition essentielle de la lettre de change. Cette opinion est universellement adoptée, si bien que l'on ne pourrait pas considérer un jugement obtenu contre une personne qui aurait pro-

mis de souscrire une lettre de change comme valant lettre de change. Quoi-
qu'il en soit, la lettre de change peut être faite par acte authentique : c'est là
un point sanctionné par l'usage.

La lettre de change est un acte formel qui a sa valeur intrinsèque : *stans
per se*, comme disent les auteurs allemands ; elle n'est donc pas soumise
aux formalités civiles des actes sous seing-privé. Elle est destinée en quelque sorte à remplacer la monnaie ; il fallait donc en faciliter autant que possible la transmission : de là la faculté illimitée de céder la lettre de change
par une simple déclaration inscrite au dos du titre, c'est ce qu'on appelle
endossement. L'endossement doit être daté, exprimer la valeur fournie et
énoncer le nom de celui à l'ordre de qui il est passé ; et s'il n'est pas conforme
à ces dispositions, nous dit l'art. 138, C. C., il n'opère pas le transport ; il
n'est qu'une procuration. Les endosseurs, en cédant la lettre de change, ont
transmis les droits qu'ils avaient contre le tireur, et s'en sont rendus garants
solidaires. Ils sont tenus des mêmes obligations que lui, et ils doivent, dès-
lors, garantir à leurs cessionnaires respectifs : 1° l'acceptation du tiré ; 2° le
payement à échéance.

Les engagements des divers signataires de la lettre de change peuvent être
garantis par un cautionnement. Ce cautionnement s'appelle aval, et celui qui
le donne donneur d'aval. L'aval peut être donné par écrit, soit authentique
soit sous seing-privé. Il peut être inscrit sur la lettre de change ou donné par
acte séparé. Le donneur d'aval est tenu des mêmes obligations que le cautionné : il peut invoquer les mêmes exceptions, si ce n'est celles qui sont
purement personnelles à celui qu'il a cautionné.

Le tireur, c'est à dire la personne qui a souscrit la lettre de change, doit
procurer au preneur l'acceptation du tiré, le paiement de la lettre à échéance.
Le preneur, avant l'échéance, peut demander au tiré son acceptation. Si le
tiré accepte, il doit le déclarer en termes formels, par écrit et sur le titre
lui-même ; mais, comme il n'est appelé qu'à exécuter le contrat intervenu
entre le preneur et le tireur, il ne saurait le modifier, et, dès-lors, son acceptation ne peut pas être conditionnelle ; il peut, cependant, n'accepter la
lettre de change que jusqu'à concurrence d'une valeur déterminée. Le tiré,
par son acceptation, se lie vis à vis du porteur dont il se constitue par là le
débiteur personnel pour le montant de la lettre : mais l'engagement du tiré

n'opère pas de novation; le tireur libéré seulement de la première de ses obligations, l'acceptation du tiré, reste toujours obligé comme garant du paiement à échéance. Si le tiré refuse d'accepter, le porteur devra avoir soin de faire constater le refus par un acte solennel appelé protêt. Le refus d'acceptation du tiré donnera le droit au porteur d'exercer une action en recours contre le tireur et d'en exiger une caution. Ce dernier ne pourra échapper à cette dernière obligation qu'en payant intégralement la lettre de change. Toutefois, si le tiré refuse d'accepter, un tiers, à la suite du protêt qui sera intervenu, pourra accepter et prendre ainsi l'engagement de payer lui-même la lettre de change. C'est là ce que nous appelons l'acceptation par intervention : elle impose à l'accepteur officieux les mêmes obligations qu'au tiré acceptant; elle lui transmet les mêmes droits.

En matière de lettre de change le créancier non seulement peut, mais doit demander le paiement le jour de l'échéance. C'est pour lui un droit et une obligation. L'échéance doit être fixée par les parties et indiquée dans la lettre elle-même. On ne peut pas la subordonner à l'avénement d'une condition ou à l'arrivée d'un terme incertain, la mort de telle personne par exemple.

Si la lettre de change est payable à vue, ou à un ou plusieurs jours, mois ou usances de vue, le porteur doit en exiger le paiement ou l'acceptation dans les six mois de sa date, sous peine de perdre son recours sur les endosseurs, et même sur le tireur, si celui-ci a fait provision. On entend par provision la valeur destinée au paiement de la lettre de change ; pour établir la provision le tireur obligé , seul, de la fournir, doit prouver qu'à l'échéance le tiré se trouvait débiteur envers lui d'une somme exigible et égale à celle que représente la lettre de change. L'acceptation l'a fait présumer, et en établit la preuve à l'égard des endosseurs (117, C. C). Le délai de six mois dont nous venons de parler ne concerne que les lettres de change tirées du continent ou des îles de l'Europe et payables dans les possessions européennes de la France, car, ainsi que nous le dit l'art. 160 du Code de Commerce, le délai sera de huit mois, d'un an ou de deux ans, selon qu'il existera une distance plus ou moins grande entre le lieu où la lettre de change a été souscrite et celui où elle est payable.

Le refus de paiement doit être constaté, le lendemain du jour de l'échéance, par un acte que l'on nomme protêt faute de paiement : si ce jour est un jour férié légal le protêt est fait le jour suivant. Le protêt doit être fait par deux notaires ou par un notaire ou un huissier assisté de deux témoins : la loi admet concurremment le ministère de ces deux sortes d'officiers publics.

Le porteur d'une lettre de change protestée faute de paiement, peut exercer son action en garantie ou individuellement contre le tireur et chacun des endosseurs, ou collectivement contre le tireur et tous les endosseurs. La même faculté existe pour chacun des endosseurs, à l'égard du tireur et des endosseurs qui le précèdent.

Si le Porteur exerce le recours individuellement contre son cédant, il doit lui faire notifier le protêt, et, à défaut de remboursement , le faire citer en jugement dans les quinze jours qui suivent la date du protêt, si celui-ci réside dans la distance de cinq myriamètres. Ce délai, à l'égard du cédant domicilié à plus de cinq myriamètres de l'endroit où la lettre de change était payable, sera augmenté d'un jour par deux myriamètres et demi excédant les cinq myriamètres. Si les lettres de change sont tirées de France et payables hors de son territoire, en Europe, en Afrique ou dans les Indes , l'art. 166 du Code de Commerce nous fait connaître les délais dans lesquels on devra agir en garantie contre les tireur et endosseurs résidant en France , et *vice versâ* contre les tireur et les endosseurs résidant dans les possessions françaises hors d'Europe.

Après l'expiration des délais ci-dessus pour la présentation de la lettre de change à vue, ou à un ou plusieurs jours ou mois ou usances de vue — pour le protêt faute de paiement — pour l'exercice de l'action en garantie , le porteur de la lettre de change est déchu de tous droits contre les endosseurs. Les endosseurs sont également déchus de toute action en garantie contre leurs cédants, après les délais ci-dessus prescrits, chacun en ce qui le concerne. La même déchéance a lieu contre le porteur et les endosseurs, à l'égard du tireur lui-même, si ce dernier justifie qu'il y avait provision à l'échéance de la lettre de change — le porteur, en ce cas, ne conserve d'action que contre le tiré.

Le porteur d'une lettre de change protestée, faute de paiement, peut, en obtenant la permission du juge, saisir conservatoirement les effets mobiliers des tireur, accepteurs et endosseurs.

Il ne nous reste plus qu'à parler du paiement par intervention.

Sur le refus du tiré de payer la lettre de change, un tiers peut d'office acquitter le montant de la lettre de change pour le compte de l'un des obligés. L'intervention et le paiement seront constatés dans l'acte de l'acte de protêt ou à la suite de l'acte. Celui qui paie la lettre de change par intervention est subrogé aux droits du porteur et tenu des mêmes devoirs pour les formalités à remplir (art. 159, C. C). C'est pour encourager les paiements par intervention, qui peuvent éviter de grands désastres, que le législateur a accordé la subrogation légale à celui qui paie à ce titre.

DROIT ADMINISTRATIF.

Quelle est la compétence de l'administration active au second chef ?

La compétence administrative exprime la mesure de juridiction du pouvoir exécutif ; mais pour déterminer d'une manière précise la nature du pouvoir exécutif et les limites de son action, il faut le diviser en pouvoir exécutif pur et en administration active. Le pouvoir exécutif *gouvernant*, constitue le pouvoir exécutif pur ; le pouvoir exécutif *administrant*, forme l'administration active.

Le pouvoir exécutif pur se manifeste principalement par des décrets rendus par le chef de l'Etat, dans les limites de la Constitution ; nous n'avons pas à nous en occuper.

L'administration active, qui a mission de protéger les intérêts généraux de la société, se subdivise en administration active au premier chef, et en administration active au second chef. L'administration active au premier chef, prend la qualification de pouvoir gracieux ; l'administration active au second chef, celle de pouvoir contentieux. Au premier chef, elle froisse les intérêts des citoyens et peut donner lieu à des réclamations ; au second chef, elle blesse des *droits*, et, de là, un recours ouvert contre ses décisions.

Quelle est la compétence de l'administration active au second chef ?

Nous allons essayer de résoudre cette question par l'énumération des principes généraux de compétence qui régissent le contentieux administratif.

Le caractère du contentieux administratif, c'est 1° qu'il *blesse un droit* (et nous entendons parler ici d'un droit proprement dit, et inhérent à la personne ou à la qualité de propriétaire d'une chose mobilière ou immobilière, ou bien d'un droit acquis résultant d'un acte de l'administration active au premier chef).

2° Qu'il ouvre un recours devant les tribunaux administratifs.

Mais à quel signe distinctif reconnaîtrons-nous que telle matière est contentieuse ou gracieuse? Suffira-t-il d'examiner si, par ses conséquences, elle a froissé un intérêt ou blessé un droit; mais la difficulté ne sera pas tranchée, car on aura encore à se demander si, dans tel cas déterminé, un intérêt ou un droit aura été atteint.

Cette question si épineuse ne pourra se résoudre que par l'application d'une formule qui résume en elle tout le contentieux administratif, et dont voici la teneur : « l'intérêt spécial émanant de l'intérêt général, discuté, en contact avec un droit privé. » Cette formule s'applique dans toutes ses parties aux matières qui, d'un consentement unanime, sont essentiellement contentieuses. Ainsi, les travaux publics, les marchés publics, le trésor public, la voirie, le commerce, etc., etc. Et si nous parvenons à le prouver, il faudra en conclure que toutes les matières auxquelles elle pourra s'appliquer *in extenso*, seront contentieuses de leur nature.

Prouvons d'abord que la formule précitée s'applique dans toutes ses parties aux travaux publics....... La construction des routes, des canaux, des chemins de fer n'est-elle pas basée sur l'intérêt général..... La construction de telle route, de tel chemin de fer, produit l'intérêt spécial qui s'offre à nous avec un des mille caractères de l'intérêt général..... Les contestations entre l'adjudicataire et l'Etat n'entraînent-elles pas la *discussion*, signe révélateur du contentieux....... Et, enfin, l'intérêt personnel qu'a l'adjudicataire dans l'entreprise, ne représente-t-il pas l'intérêt privé.

La formule précitée s'applique donc, dans toutes ses parties, aux travaux publics, matière essentiellement contentieuse. Il nous serait aussi facile d'établir l'intérêt général, l'intérêt spécial, la discussion, le droit privé, qui font la base de notre formule, dans l'analyse détaillée des marchés publics, du trésor public, de la voirie, et autres matières contentieuses de leur nature.

La formule « de l'intérêt spécial émanant de l'intérêt général, discuté, en contact avec un droit privé, » vraie dans ses conséquences, est donc vraie dans son principe ; et, dans le doute, elle viendra nous éclairer et nous dire si telle matière doit entrer dans le domaine du gracieux ou du contentieux administratif.

Toutefois, nous devons faire observer que certains actes, qui présentent tous les caractères du contentieux et auxquels notre formule serait applicable, ne donneront naissance à aucun recours devant les tribunaux administratifs ; ainsi, par exemple, les arrêts des préfets qui fixent la largeur des chemins vicinaux, ou bien la déclaration publique de tel projet, qui fait présupposer une prochaine expropriation ; et *vice versâ*, tel acte émanant du pouvoir gracieux devra être classé dans le domaine du contentieux, et donnera ouverture à un recours ; ainsi, on peut attaquer devant le conseil d'Etat l'établissement d'un atelier insalubre. Dans ces divers cas, il y aura déclassement, et par déclassement nous entendons parler d'une disposition expresse de la loi, qui crée une exception aux principes positifs de la science administrative.

Maintenant que nous avons exposé la nature et le caractère du contentieux administratif, nous avons à nous demander quels sont les tribunaux qui jugeront les contestations auxquelles il donnera lieu ; nous sommes donc amenés à parler de la juridiction contentieuse administrative.

La juridiction contentieuse administrative appartient à des tribunaux administratifs qui décident, et dont les décisions produisent la chose jugée. Elle admet, comme en matière civile, l'incompétence *ratione materiæ* et l'incompétence *ratione personæ*, qui correspond à un principe de juridiction territoriale. Elle a ses tribunaux ordinaires et ses tribunaux d'exception. Enfin, elle comprend deux degrés de juridiction : au premier degré, se trouvent les ministres, les préfets, les conseils de préfecture ; le conseil d'Etat forme le second degré. Les ministres constituent le tribunal administratif ordinaire ; d'où il suit, que toutes les matières contentieuses qui n'ont pas été dévolues par la loi à un tribunal administratif exceptionnel, ou, par déclassement, au pouvoir judiciaire, sont soumises de plein droit à leur compétence. Chaque ministre est considéré comme tribunal administratif ordinaire pour les matières qui entrent dans les attributions de son ministère ; et il y

4

a excès de pouvoir si, sans délégation donnée par le pouvoir exécutif pur, un ministre rend une décision qui devait émaner d'un de ses collègues.

La juridiction contentieuse des Préfets, assez peu étendue jusqu'à ce jour, a été sensiblement augmentée par le décret du 25 mars 1852, sur la décentralisation administrative. Elle résultera le plus souvent de ces expressions apposées dans les lois constitutives de leurs attributions « le Préfet statuera, décidera ou jugera sauf recours au conseil d'État , ou bien statuera définitivement » .

Les Conseils de Préfecture sont, comme les Préfets , des juges administratifs du premier degré, et forment, comme eux , un tribunal administratif exceptionnel ; d'où la conséquence qu'ils ne peuvent connaître que des matières qui auront été placées dans leurs attributions par un texte de loi , et qu'il y aurait excès de pouvoir s'ils prononçaient sur des matières qui ne leur auraient pas été dévolues. Leurs décisions, comme celles des préfets et des ministres, jugeant contentieusement, peuvent toujours être attaquées devant le conseil d'État dans un délai de trois mois à dater de la notification.

Le conseil d'État est le tribunal administratif supérieur de second degré. Il connaît, comme tribunal d'appel, sauf déclassement, de toutes les décisions des tribunaux administratifs de premier degré et quelles que soient les expressions dont se sont servies les lois constitutives de leur juridiction.

Tout arrêté rendu en matière gracieuse, mais constituant un excès de pouvoir, peut aussi lui être déféré par voie de recours contentieux.

Le conseil d'État comme seul tribunal supérieur de second degré devrait connaître de l'appel de toutes les décisions émanant des tribunaux inférieurs; et cependant, en matière de comptabilité , la cour des comptes a seule le droit de statuer sur le recours de certains arrêtés des conseils de préfecture. C'est là l'effet d'un déclassement. Le développement des principes de compétence contentieuse nous en a offert plusieurs exemples , et l'examen de la juridiction contentieuse nous conduit à constater que certaines matières administratives ont été déclarées judiciaires, et que telle matière judiciaire a été déclarée administrative par un texte de loi : ainsi, les tribunaux judiciaires connaissent de toutes les contestations relatives aux contributions indirectes, à l'octroi, en ce qui concerne l'État, et à l'enregistrement ; et, cependant, ces matières entrent essentiellement dans le domaine du contentieux administratif : ainsi les conseils de préfecture ont seuls le droit de prononcer sur le contentieux des domaines nationaux , c'est à dire de déclarer la validité de la vente et les objets qu'elle embrasse. Dans leurs juridictions rentrent aussi certaines contestations relatives aux bois et forêts , aux eaux minérales, aux halles et marchés , aux servitudes militaires , etc. , etc. Et , cependant, ces matières sont essentiellement judiciaires.

Ce sont là, nous le répétons, autant de cas de déclassement dont les uns sont faciles à légitimer, tandis qu'il est bien difficile de préciser les motifs de certains autres. La séparation du pouvoir administratif et du pouvoir judiciaire, principe d'ordre public et constitutionnel , n'en reste pas moins inébranlable. Ces déclassements, nous l'avons déjà dit , sont l'œuvre du législateur et entrent dans ls catégorie des exceptions ; mais ces exceptions , émanant d'un texte précis de loi, n'infirment en rien les principes positifs de la science administrative ; ne viennent-elles pas, au contraire, les vivifier en rendant plus apparentes et leur force et leur valeur....

Vu par le président de la thèse,

Bressolles.

Cette thèse sera soutenue le 20 janvier 1854, dans une des salles de la Faculté.

Toulouse , imprimerie BAYRET et Cᵉ, rue Peyras, 12.

www.ingramcontent.com/pod-product-compliance
Ingram Content Group UK Ltd.
Pitfield, Milton Keynes, MK11 3LW, UK
UKHW020103100726
13658UKWH00004B/1955